Sinopse

"Quebrando Barreiras: Uma Jornada Contra a Intolerância" é uma exploração profunda e inspiradora sobre o impacto da intolerância em nossa sociedade e as maneiras pelas quais podemos superá-la. Neste livro cativante, somos conduzidos por uma viagem emocional através das raízes históricas da intolerância, examinando suas manifestações ao longo do tempo e mergulhando nas histórias reais de indivíduos e comunidades que se recusam a serem definidos por preconceitos.

Cada capítulo deste livro oferece uma análise cuidadosa e perspicaz de um aspecto fundamental da intolerância, desde a sua raiz até as formas contemporâneas que assume. Ao explorar tópicos como a empatia, o diálogo construtivo, a diversidade, a educação para a tolerância e o papel da arte e da tecnologia, os leitores são convidados a refletir sobre as complexidades da intolerância e a encontrar maneiras práticas de promover uma sociedade mais inclusiva.

Sumário

Capítulo 1: A Raiz da Intolerância

Explorando as origens da intolerância e suas manifestações históricas.

A intolerância, infelizmente, é uma característica que tem acompanhado a humanidade ao longo dos séculos. Desde tempos remotos, observamos exemplos de preconceito, discriminação e hostilidade enraizados em diversas sociedades e culturas. Este capítulo mergulha nas profundezas da história para desvendar as raízes da intolerância e suas manifestações históricas, a fim de compreendermos melhor esse fenômeno complexo.

Na antiguidade, os gregos e romanos, apesar de suas contribuições significativas para a civilização, muitas vezes demonstraram intolerância em relação a povos estrangeiros e àqueles que divergiam de suas normas culturais. A distinção entre cidadãos e não-cidadãos, entre culturas "superiores" e "inferiores", é um precursor da intolerância que persiste em diferentes formas até os dias de hoje.

As religiões também tiveram um papel importante na origem da intolerância. Guerras religiosas, perseguições e a exclusão de grupos minoritários são exemplos de como a intolerância foi disseminada em nome da fé. A busca por hegemonia religiosa levou a atrocidades que deixaram marcas profundas na história.

No contexto da colonização, a intolerância se manifestou através do imperialismo e do racismo sistêmico. Povos indígenas foram subjugados, culturas foram suprimidas e alicerces de desigualdade foram estabelecidos. A intolerância foi usada como ferramenta de dominação e exploração.

A história do Holocausto é um dos exemplos mais sombrios de intolerância em tempos modernos. O antissemitismo e o ódio racial culminaram no genocídio de milhões de judeus durante a Segunda Guerra Mundial. Esse evento trágico serve como um lembrete chocante dos extremos a que a intolerância pode levar.

Ao explorar essas manifestações históricas da intolerância, somos confrontados com a realidade perturbadora de como a humanidade pode ser capaz de infligir sofrimento a outros seres humanos simplesmente por diferenças percebidas. No entanto, também é importante reconhecer que a história nos oferece lições valiosas sobre os perigos da intolerância e a necessidade de buscar a compreensão, a empatia e a igualdade.

Ao compreender as raízes históricas da intolerância, podemos almejar um futuro mais tolerante e inclusivo. Devemos aprender com os erros do passado para construir uma sociedade onde a diversidade seja celebrada e onde a intolerância seja confrontada de frente. Somente através do conhecimento e do compromisso com a mudança podemos romper com os padrões de intolerância que nos assombram e construir um mundo melhor para as gerações futuras.

Capítulo 2: O Poder da Empatia

Como a empatia pode ser a chave para superar preconceitos e estereótipos.

A empatia, a habilidade de compreender e se identificar com as emoções e perspectivas dos outros, é uma ferramenta poderosa na luta contra preconceitos e estereótipos. Este capítulo explora como a empatia pode promover a compreensão e a conexão entre pessoas de diferentes origens.

Em um mundo marcado por divisões e preconceitos, a empatia se destaca como uma luz orientadora. Ela nos permite ver além das aparências e reconhecer nossa humanidade compartilhada. Ao nos esforçarmos para entender os sentimentos e experiências dos outros, podemos superar barreiras emocionais e desafiar preconceitos arraigados.

A empatia nos ajuda a enxergar indivíduos como seres únicos, em vez de simples representantes de grupos. Isso nos permite desenvolver uma compreensão mais profunda, afastando-nos de generalizações prejudiciais. Ao humanizar aqueles que consideramos diferentes, a empatia nos conduz à aceitação e à inclusão.

Um exemplo inspirador do poder da empatia é o movimento pelos direitos civis nos Estados Unidos. A empatia desempenhou um papel crucial ao despertar a consciência das injustiças enfrentadas por determinados grupos. Ao nos colocarmos no lugar dos outros, podemos compreender melhor suas lutas e trabalhar juntos em direção à igualdade.

No entanto, cultivar a empatia requer esforço e dedicação. Devemos estar dispostos a refletir sobre nossos próprios preconceitos e aprender com as experiências daqueles que são diferentes de nós. Somente assim poderemos construir uma sociedade mais justa e inclusiva, onde a empatia seja a base para a compreensão e o respeito mútuo.

Capítulo 3: Diálogo Construtivo

A importância do diálogo aberto e respeitoso na desconstrução da intolerância.

A troca construtiva de ideias emerge como uma ferramenta poderosa na quebra das barreiras da intolerância e na fomentação de uma compreensão mútua. Este segmento de análise investiga como um diálogo aberto e respeitoso pode desempenhar um papel central na resolução de conflitos, na desmistificação de estereótipos prejudiciais e na construção de conexões entre indivíduos e grupos diversos.

Num contexto onde a divergência frequentemente se transforma em polarização e divisão, o diálogo construtivo age como um remédio eficaz. Ele cria um ambiente onde as vozes podem ser ouvidas, independentemente das diferenças, proporcionando um espaço seguro para compartilhar perspectivas sem temor de rejeição ou hostilidade. Essa abertura possibilita a humanização de grupos marginalizados e a desconstrução dos preconceitos que os envolvem.

O coração do diálogo construtivo reside no respeito mútuo. Quando os participantes se comprometem a ouvir e entender uns aos outros, abre-se a oportunidade para descobrir pontos em comum, mesmo diante de discordâncias profundas. Esse processo revela a complexidade das experiências e motivações por trás das opiniões, humanizando as pessoas por trás delas.

Um exemplo ilustrativo da eficácia do diálogo construtivo é observado no movimento de reconciliação pós-apartheid na África do Sul. A Comissão da Verdade e Reconciliação facilitou conversas entre vítimas e perpetradores, permitindo que histórias fossem compartilhadas e entendimento alcançado. Esse processo não apenas contribuiu para a cura emocional, mas também pavimentou o caminho para uma sociedade mais justa e unida.

No entanto, é crucial reconhecer que o diálogo construtivo não é uma solução única. Requer um compromisso genuíno de todas as partes envolvidas, além da disposição para ouvir perspectivas desconfortáveis e desafiadoras. Além disso, a educação desempenha um papel fundamental em capacitar os indivíduos a participarem de diálogos produtivos, aprendendo a expressar suas opiniões de maneira respeitosa e empática.

Num mundo cada vez mais interconectado, o diálogo construtivo é essencial para promover a coexistência pacífica e superar as barreiras da intolerância. Ao proporcionar um ambiente onde as diferenças são exploradas e compreendidas, o diálogo abre caminho para uma transformação social positiva. É por meio de conversas abertas, respeitosas e genuínas que podemos desconstruir narrativas intolerantes, promover a aceitação e, por fim, construir uma sociedade mais inclusiva e harmoniosa para todos.

Capítulo 4: Desafios da Diversidade

Explorando os desafios que a diversidade apresenta e como podemos abraçá-la.

A diversidade, com sua ampla gama de culturas, origens, identidades e perspectivas, enriquece as sociedades, mas também traz consigo desafios intrincados. Este capítulo investiga os desafios que a diversidade pode apresentar e examina estratégias para abraçá-la de maneira construtiva, transformando-a em uma força unificadora em vez de uma fonte de divisão.

Uma das principais dificuldades associadas à diversidade é a presença de preconceitos enraizados e estereótipos culturais. Quando as pessoas não estão expostas ou não entendem as culturas diferentes das suas, podem surgir sentimentos de desconhecido e desconfiança. Isso pode resultar em discriminação, segregação e até mesmo conflitos. No entanto, ao reconhecer a existência desses preconceitos e se comprometer a desafiá-los, podemos começar a desmantelar as barreiras que eles criam.

A comunicação também se torna um desafio quando se lida com a diversidade. Diferenças linguísticas e culturais podem levar a mal-entendidos e interpretações equivocadas, dificultando a interação harmoniosa. A educação e a promoção da conscientização sobre as nuances culturais podem ser fundamentais para melhorar a comunicação e promover um ambiente de respeito mútuo.

A competição por recursos e oportunidades pode aumentar as tensões em sociedades diversas. Grupos minoritários podem sentir-se marginalizados ou excluídos, levando a desigualdades e ressentimentos. Para abraçar a diversidade, é crucial implementar políticas inclusivas que garantam igualdade de acesso a recursos, educação e oportunidades econômicas. Isso não apenas promove a justiça social, mas também contribui para a harmonia e estabilidade social.

Ao abordar esses desafios, podemos transformar a diversidade em uma força unificadora. Isso começa com a educação e a sensibilização, permitindo que as pessoas compreendam e valorizem as diferenças culturais. Também envolve o estabelecimento de espaços seguros para o diálogo intercultural, onde as pessoas possam compartilhar suas perspectivas e aprender umas com as outras.

Além disso, a promoção da diversidade em todos os níveis da sociedade, desde a mídia até as instituições educacionais e governamentais, é fundamental. Isso ajuda a criar uma representação mais precisa e inclusiva, normalizando a coexistência pacífica de diferentes grupos.

No final, abraçar a diversidade exige uma mudança de mentalidade, uma disposição para sair da zona de conforto e um compromisso de construir pontes entre as diferenças. Ao reconhecer os desafios e trabalhar ativamente para superá-los, podemos transformar a diversidade em uma força motriz para a unidade, a compreensão e um futuro mais inclusivo e harmonioso.

Capítulo 5: Educação para a Tolerância

O papel da educação na formação de mentes mais abertas e inclusivas.

A educação tem um poder transformador inegável quando se trata de moldar a mentalidade das gerações futuras e promover valores de tolerância e inclusão. Este capítulo explora o papel fundamental da educação na desconstrução da intolerância e na construção de uma sociedade mais justa e acolhedora, ao cultivar mentes abertas e inclusivas desde tenra idade.

A educação é o alicerce sobre o qual se constrói uma compreensão mais profunda e informada das diferenças humanas. Ela oferece a oportunidade de aprender sobre diversas culturas, histórias e perspectivas, permitindo que os estudantes se tornem cidadãos globais conscientes e respeitosos. Através da exposição a uma ampla gama de experiências, a educação para a tolerância quebra as barreiras do desconhecido e fomenta o respeito pelas diferenças.

Desde a infância, a educação pode desempenhar um papel crucial na promoção de valores de aceitação e inclusão. Ao ensinar as crianças sobre a importância do respeito, empatia e cooperação, estamos plantando as sementes de uma mentalidade aberta que perdurará ao longo de suas vidas. Programas escolares que enfatizam a diversidade e incentivam a compreensão mútua contribuem para a formação de indivíduos que estão dispostos a desafiar estereótipos e preconceitos.

Além disso, a educação não se limita apenas ao contexto escolar. A mídia, a literatura e as atividades extracurriculares também desempenham um papel fundamental na exposição das mentes jovens a diferentes perspectivas. Ao criar e promover conteúdo que celebra a diversidade e aborda questões de tolerância, estamos fortalecendo a educação para a tolerância além das salas de aula.

A formação de educadores também é um aspecto crucial da promoção da tolerância através da educação. Professores bem treinados podem criar ambientes de aprendizado que incentivam o pensamento crítico, o respeito pelas diferenças e a resolução pacífica de conflitos. Eles podem modelar comportamentos inclusivos e orientar os alunos na exploração e compreensão de diversas culturas.

No entanto, a educação para a tolerância não é um processo isolado. Deve ser apoiada por políticas governamentais, currículos inclusivos e parcerias entre instituições educacionais, organizações não governamentais e a sociedade em geral. É um esforço conjunto que requer o compromisso de toda a comunidade.

Capítulo 6: Liderança Inspiradora

A história da humanidade é pontuada por indivíduos corajosos que se ergueram contra a intolerância e lideraram movimentos de mudança. O Capítulo 6 deste livro destaca a poderosa narrativa de líderes inspiradores que desafiaram a intolerância em todas as suas formas, influenciando a sociedade e promovendo a aceitação, a igualdade e a harmonia.

Uma das figuras mais icônicas é Mahatma Gandhi, cuja abordagem não violenta à resistência contra a opressão racial na Índia se tornou um símbolo global de luta pacífica pela justiça. Sua liderança inspiradora demonstrou como a resistência pode ser poderosa sem recorrer à violência, inspirando outros a buscar a mudança por meio do diálogo e da ação não violenta.

Outro líder notável é Nelson Mandela, cuja luta incansável contra o apartheid na África do Sul levou a uma transformação histórica. Sua visão de uma nação inclusiva e igualitária, apesar de décadas de opressão, ilustra a capacidade de líderes inspiradores para unir as pessoas em torno de um objetivo comum de justiça e liberdade.

O ativista dos direitos civis dos Estados Unidos, Martin Luther King Jr., também deixa um legado duradouro. Sua defesa apaixonada pelos direitos civis e pela igualdade racial ecoa até hoje, inspirando gerações subsequentes a lutar contra a discriminação e a promover a diversidade.

Além de líderes históricos, o capítulo também explora líderes contemporâneos que continuam a desafiar a intolerância. Malala Yousafzai, defensora dos direitos das meninas à educação no Paquistão, e Greta Thunberg, ativista climática sueca, exemplificam como jovens líderes estão moldando as narrativas globais e inspirando ações significativas.

Essas histórias inspiradoras lembram-nos que a liderança vai além da posição e do poder; é sobre a capacidade de influenciar positivamente as pessoas e a sociedade. Os líderes apresentados neste capítulo demonstram que a coragem de enfrentar a intolerância, a perseverança diante de desafios e a crença inabalável na igualdade podem catalisar mudanças significativas.

O legado desses líderes inspiradores é uma lembrança constante de que a intolerância não é imutável. Suas histórias nos motivam a levantar a voz, lutar pela justiça e construir um mundo onde todas as pessoas sejam valorizadas e respeitadas. Ao examinar suas jornadas, somos lembrados de que a mudança começa com um único indivíduo disposto a desafiar o status quo e a liderar o caminho em direção a um futuro mais inclusivo e harmonioso.

Capítulo 7: Resiliência Cultural

Exemplos de culturas resilientes diante de adversidades e discriminação.

A resiliência cultural é um fenômeno notável que se manifesta quando grupos étnicos e culturais enfrentam adversidades e discriminação, mas conseguem não apenas sobreviver, mas também preservar e fortalecer suas identidades. Este capítulo explora exemplos inspiradores de culturas resilientes que enfrentaram desafios históricos e contemporâneos, demonstrando a capacidade humana de resistir, adaptar-se e florescer diante da adversidade.

Um exemplo notável de resiliência cultural é a cultura judaica. Ao longo da história, os judeus enfrentaram perseguições, discriminação e pogroms (violentos ataques físicos da população) em diferentes partes do mundo. No entanto, eles conseguiram preservar sua identidade cultural, religiosa e lingüística através dos séculos. Mesmo diante do Holocausto durante a Segunda Guerra Mundial, a resiliência judaica é evidente na reconstrução das comunidades e na continuação das tradições.

Os povos indígenas em várias partes do mundo também demonstraram uma incrível resiliência cultural. Apesar da colonização, do genocídio e da supressão de suas culturas, muitos povos indígenas têm se esforçado para preservar suas línguas, rituais e práticas tradicionais. A resiliência se manifesta na luta pela autodeterminação, na revitalização cultural e na defesa de seus direitos territoriais.

Na África do Sul, durante o regime do apartheid, as culturas e comunidades negras demonstraram notável resiliência ao resistir às políticas discriminatórias. A música, a dança e outras formas de expressão artística foram usadas para manter a conexão cultural e fortalecer a identidade negra. A resiliência dessas comunidades desempenhou um papel fundamental na luta contra o apartheid e na construção de uma sociedade mais justa após seu fim.

A resiliência cultural muitas vezes é alimentada pela busca de justiça e igualdade. O Movimento pelos Direitos Civis nos Estados Unidos é um exemplo marcante de como os afro-americanos resistiram à segregação e à opressão, defendendo seus direitos civis. Através da liderança inspiradora de figuras como Martin Luther King Jr., a resiliência da comunidade negra contribuiu para a mudança social significativa.

Esses exemplos de resiliência cultural destacam a força da identidade e da determinação humana. Eles nos ensinam que, mesmo diante das circunstâncias mais difíceis, é possível resistir à adversidade e preservar o que é mais valioso. A resiliência cultural não é apenas uma resposta passiva à discriminação, mas também uma afirmação ativa da dignidade humana e da diversidade. Ela nos inspira a apreciar a riqueza das culturas que compõem nosso mundo e a reconhecer a importância de proteger e celebrar essas identidades únicas.

Capítulo 8: Quebrando Fronteiras Geográficas

Explorando como a intolerância se manifesta globalmente e os esforços para superá-la.

A intolerância é uma realidade que transcende fronteiras geográficas, afetando sociedades em todo o mundo de maneiras variadas e complexas. Este capítulo examina como a intolerância se manifesta globalmente e destaca os esforços globais para superá-la, demonstrando que, apesar das diferenças culturais, a busca pela compreensão e harmonia é universal.

A globalização, apesar de seu potencial para unir culturas e nações, também tem exposto e intensificado as divisões. A disseminação de informações e a conectividade instantânea podem exacerbar preconceitos e estereótipos, muitas vezes perpetuando a intolerância. Isso é evidente nas manifestações de xenofobia, islamofobia e outras formas de discriminação cultural que se espalham através das fronteiras.

As redes sociais e a internet, apesar de proporcionarem uma plataforma para o diálogo global, também podem ser usadas para espalhar discursos de ódio e intolerância. Grupos extremistas e movimentos nacionalistas muitas vezes exploram essas plataformas para promover suas agendas divisivas. Isso destaca a necessidade de regulamentações e esforços colaborativos para combater a propagação de conteúdo prejudicial.

No entanto, ao mesmo tempo em que a intolerância se manifesta globalmente, também tem havido uma crescente conscientização e mobilização para combatê-la. Movimentos internacionais, como o movimento pelos direitos humanos e a promoção da igualdade de gênero, têm unido pessoas em todo o mundo na luta contra a discriminação. Organizações não governamentais e ativistas têm trabalhado incansavelmente para sensibilizar e educar as pessoas sobre a importância da tolerância.

Exemplos inspiradores de esforços globais para superar a intolerância incluem o Dia Internacional para a Eliminação da Discriminação Racial e o Dia Internacional da Tolerância. Essas datas destacam a necessidade de solidariedade global na luta contra a intolerância e incentivam ações concretas para promover a compreensão entre culturas.

Iniciativas como programas de intercâmbio cultural, parcerias internacionais de educação e projetos de conscientização têm o potencial de construir pontes entre nações e promover o respeito mútuo. A colaboração entre países e organizações é fundamental para abordar as questões globais de intolerância, reconhecendo que a busca por um mundo mais tolerante transcende as barreiras geográficas.

Em última análise, a luta contra a intolerância é uma responsabilidade compartilhada por todas as nações e culturas. Embora as manifestações da intolerância possam variar em diferentes partes do mundo, a necessidade de compreensão, respeito e aceitação é uma constante universal. Ao quebrar as fronteiras geográficas que separam as pessoas, podemos construir uma rede global de apoio para enfrentar a intolerância e criar um mundo mais inclusivo e harmonioso para todos.

Capítulo 9: Gênero e Identidade

As questões de gênero, orientação sexual e identidade de gênero desempenham um papel crucial na luta contra a intolerância, desafiando normas sociais arraigadas e impulsionando a busca por igualdade e respeito. Este capítulo explora como essas dimensões da diversidade humana têm sido alvos de intolerância e como as vozes que as representam estão trabalhando para criar um mundo mais inclusivo.

A intolerância em relação à diversidade de gênero e orientação sexual tem raízes profundas em preconceitos e estereótipos enraizados nas sociedades. Pessoas LGBTQ+ frequentemente enfrentam discriminação, violência e marginalização, tudo baseado em concepções ultrapassadas de normalidade e aceitação. Essa intolerância é evidente nas leis discriminatórias, na linguagem pejorativa e nas atitudes negativas que persistem em muitas partes do mundo.

No entanto, a luta pela igualdade e aceitação tem sido uma força motivadora. Movimentos LGBTQ+ têm emergido globalmente para reivindicar direitos e promover a visibilidade. A Marcha do Orgulho, por exemplo, não é apenas uma celebração, mas uma demonstração poderosa da resistência e do desejo de ser reconhecido e respeitado independentemente da orientação sexual ou identidade de gênero.

A luta contra a intolerância de gênero também está interligada com o movimento feminista, que busca desafiar as desigualdades de gênero profundamente enraizadas. Mulheres têm enfrentado discriminação e violência em muitas partes do mundo, o que enfatiza a necessidade contínua de desafiar estereótipos prejudiciais e garantir igualdade de oportunidades.

A educação desempenha um papel fundamental na desconstrução da intolerância de gênero. Programas educacionais inclusivos que promovem a diversidade de gênero e sexualidade são essenciais para transformar mentalidades desde jovens. Ao aprender sobre diferentes identidades de gênero e orientações sexuais, as pessoas estão mais propensas a adotar atitudes respeitosas e compreensivas.

A luta contra a intolerância de gênero e identidade exige a criação de espaços seguros e inclusivos, onde as vozes marginalizadas possam ser ouvidas e suas experiências compartilhadas. Além disso, a conscientização contínua, a legislação antidiscriminatória e o apoio à saúde mental são componentes cruciais para combater a intolerância e promover a igualdade.

No coração da luta contra a intolerância de gênero, orientação sexual e identidade de gênero está o objetivo de criar um mundo onde todas as pessoas sejam tratadas com dignidade e respeito, independentemente de quem são e quem amam. A busca pela igualdade é uma batalha compartilhada, que transcende fronteiras geográficas e culturais, e que exige a solidariedade de todos nós para construir um futuro mais inclusivo e justo para todos.

Capítulo 10: A Arte da Aceitação

Como a arte e a criatividade podem ser usadas para promover a tolerância.

A arte e a criatividade têm o poder de transcender barreiras e alcançar corações e mentes de maneiras únicas. Este capítulo explora como a arte pode ser uma ferramenta poderosa para promover a tolerância, desafiando preconceitos, inspirando reflexão e construindo pontes entre diferentes perspectivas.

A arte tem a capacidade de despertar emoções profundas e provocar pensamentos críticos. Pinturas, esculturas, literatura, música, teatro e outras formas de expressão artística podem retratar as complexidades das experiências humanas e revelar as histórias por trás das pessoas. Ao explorar temas de diversidade, identidade, igualdade e injustiça, a arte convida o público a considerar perspectivas diferentes das suas próprias.

A criatividade artística muitas vezes desafia normas sociais e provoca questionamentos. Artistas podem abordar questões de intolerância de forma subversiva, provocativa e simbólica, levando o público a refletir sobre suas próprias crenças e atitudes. Essa provocação pode estimular conversas difíceis e, ao mesmo tempo, abrir espaço para a compreensão e empatia.

Exemplos históricos e contemporâneos de como a arte promove a tolerância são abundantes. Durante o movimento pelos direitos civis nos Estados Unidos, a música desempenhou um papel vital, com canções como "We Shall Overcome" tornando-se hinos de resistência e esperança. A literatura também desempenhou um papel crucial, com obras como "To Kill a Mockingbird" de Harper Lee, que explorou questões de racismo e justiça.

A arte também pode transcender fronteiras culturais, unindo pessoas de diferentes origens em uma apreciação compartilhada pela expressão criativa. Festivais de música, exposições de arte, peças teatrais e outros eventos culturais podem criar oportunidades para a interação entre grupos diversos, fomentando a compreensão mútua e a celebração das diferenças.

Além disso, a arte pode ser uma ferramenta de cura e empoderamento para comunidades marginalizadas. Projetos de arte colaborativos, oficinas e iniciativas comunitárias permitem que as pessoas compartilhem suas histórias e experiências, proporcionando uma plataforma para se expressarem e se conectarem. Isso ajuda a reforçar a identidade cultural, elevar a autoestima e construir laços entre indivíduos de origens diversas.

A arte da aceitação, portanto, não é apenas uma representação visual ou auditiva, mas um convite para a transformação pessoal e social. Ao usar a criatividade para desafiar preconceitos, inspirar empatia e promover a compreensão, a arte se torna uma ferramenta poderosa na luta contra a intolerância. Ela nos lembra da nossa humanidade compartilhada, conectando-nos por meio da expressão e proporcionando um terreno fértil para a construção de um mundo mais tolerante e harmonioso para todos.

Capítulo 11: Tecnologia e Intolerância

Explorando como a tecnologia pode ser usada tanto para propagar quanto para combater a intolerância.

A tecnologia, em sua capacidade de conectar e influenciar pessoas em escala global, desempenha um papel ambivalente na luta contra a intolerância. Este capítulo analisa como a tecnologia pode ser usada tanto como uma ferramenta de propagação quanto como um meio de combater ativamente a intolerância, destacando a importância de um uso consciente e responsável das plataformas digitais.

Por um lado, a tecnologia tem o potencial de propagar mensagens de ódio, preconceito e intolerância a um público amplo e diversificado. As redes sociais, por exemplo, podem ser usadas para disseminar discursos de ódio, notícias falsas e teorias conspiratórias, alimentando divisões e polarização. Além disso, fóruns online e grupos fechados podem se tornar espaços de radicalização e recrutamento para ideologias extremistas.

No entanto, a mesma tecnologia que permite a propagação da intolerância também oferece oportunidades únicas para combatê-la. Plataformas digitais podem ser usadas para ampliar vozes marginalizadas, compartilhar histórias inspiradoras e educar o público sobre as realidades da discriminação. Campanhas de conscientização nas redes sociais, documentários online e projetos de mídia digital podem aumentar a visibilidade das questões de intolerância e motivar ações positivas.

A tecnologia também permite o acesso a informações e recursos que promovem a compreensão e a aceitação. Vídeos, artigos e cursos online podem fornecer informações precisas sobre diferentes culturas, religiões e identidades de gênero, desafiando estereótipos e promovendo a empatia. Além disso, as mídias sociais podem ser usadas para conectar pessoas de diferentes origens e promover o diálogo intercultural.

Organizações e iniciativas online têm se esforçado para aproveitar a tecnologia em prol da tolerância. Plataformas de denúncia de discurso de ódio, aplicativos educacionais, fóruns de discussão construtiva e projetos de arte digital são exemplos de como a tecnologia está sendo usada para enfrentar a intolerância em várias formas.

A regulamentação e o monitoramento das plataformas online desempenham um papel crucial na contenção da disseminação da intolerância. As empresas de tecnologia têm a responsabilidade de combater o discurso de ódio e a desinformação em suas plataformas, implementando políticas claras e eficazes para proteger os usuários e promover um ambiente online seguro e inclusivo.

Em última análise, o impacto da tecnologia na luta contra a intolerância depende do uso que fazemos dela. A escolha está em nossas mãos: podemos contribuir para a disseminação da intolerância ou aproveitar as oportunidades oferecidas pela tecnologia para promover a compreensão, a empatia e a aceitação. Através de uma abordagem consciente e responsável, podemos usar a tecnologia como uma força positiva na construção de um mundo mais tolerante e harmonioso para todos.

Capítulo 12: Fake News A face obscura da intolerância.

A disseminação de fake News (noticias falsas) como propagadora de intolerância é um fenômeno complexo e preocupante que afeta não apenas a esfera política, mas também a sociedade como um todo. Vamos explorar mais a fundo como as fake news podem contribuir para a propagação da intolerância em diferentes contextos:

1.   **Criação de inimigos imaginários:** As fake news muitas vezes criam narrativas simplistas que retratam grupos específicos como inimigos, culpando-os por problemas sociais ou políticos. Isso alimenta o ressentimento e a hostilidade contra esses grupos, levando a sentimentos de intolerância e divisão.

2.   **Exploração de emoções negativas:** As fake news tendem a se basear em emoções intensas, como medo, raiva e preconceito, para atrair a atenção e a credibilidade. Essas emoções são manipuladas para fortalecer estereótipos negativos e incitar a intolerância em relação a determinados grupos.

3.   **Reforço de crenças preconceituosas:** As fake news podem reforçar crenças preconceituosas ao apresentar

informações falsas que confirmam os preconceitos existentes de uma pessoa ou grupo. Isso cria um ciclo de desinformação e intolerância, dificultando a mudança de mentalidades e a promoção da empatia.

4. **Desconstrução da confiança na mídia e instituições:** A propagação generalizada de fake news pode minar a confiança do público na mídia e em instituições governamentais, sociais e acadêmicas. Isso cria um ambiente propício para a disseminação de teorias da conspiração e desinformação, que por sua vez alimentam a intolerância e a desconfiança em relação a certos grupos.

5. **Impacto na coesão social:** A disseminação de fake news pode ter um impacto significativo na coesão social, minando a confiança e a solidariedade entre os membros da sociedade. Isso pode levar a tensões intergrupais, conflitos e discriminação, prejudicando o tecido social como um todo.

6. **Divulgação de informações falsas sobre grupos minoritários:** As fake news muitas vezes difundem estereótipos negativos e informações falsas sobre grupos étnicos, religiosos,

ou outros grupos minoritários. Isso pode levar a um aumento da hostilidade e discriminação contra esses grupos.

7.   **Propagação de teorias conspiratórias:** Algumas fake news promovem teorias conspiratórias que culpam grupos específicos por eventos negativos ou alegam que esses grupos têm intenções maliciosas. Isso alimenta o ódio e a desconfiança entre diferentes comunidades.

8.   **Manipulação emocional:** As fake news muitas vezes são projetadas para provocar emoções fortes, como raiva, medo ou indignação. Essas emoções podem ser exploradas para incitar sentimentos de intolerância e divisão.

9.   **Polarização política:** Fake news frequentemente são usadas para polarizar as opiniões políticas, retratando um lado como vilão e outro como vítima. Isso pode levar a um aumento da animosidade entre grupos políticos e ideológicos.

10.   **Propagação de discursos de ódio:** Algumas fake news contêm discursos de ódio direcionados a grupos específicos, incentivando a violência e a discriminação contra esses grupos.

Para combater efetivamente a propagação de intolerância por meio de fake news, é necessário um esforço conjunto que envolva:

- Educação e conscientização pública sobre como identificar e combater fake news.

- Fortalecimento da alfabetização midiática e digital para capacitar as pessoas a avaliar criticamente as informações que encontram online.

- Promoção de fontes de informação confiáveis e de qualidade, incentivando as pessoas a buscar notícias de veículos respeitáveis e verificados.

- Implementação de políticas e regulamentações que responsabilizem os propagadores de fake news e desinformação.

- Fomento do diálogo construtivo e do respeito mútuo entre diferentes grupos, para reduzir as divisões e promover a compreensão.

- Investimento em pesquisas e estudos para entender melhor os impactos das fake news na sociedade e desenvolver estratégias eficazes de combate.

• Verificar a fonte das informações antes de compartilhar ou acreditar nelas.

• Buscar informações de fontes confiáveis e verificar os fatos com várias fontes independentes.

• Educar-se e aos outros sobre como identificar e combater fake news.

• Promover o diálogo construtivo e o respeito mútuo, mesmo em meio a opiniões divergentes.

• Denunciar fake news sempre que as encontrar, especialmente se elas contiverem discurso de ódio ou informações falsas prejudiciais.

Ao abordar esses desafios de maneira abrangente e colaborativa, podemos trabalhar para criar um ambiente informacional mais saudável e uma sociedade mais inclusiva e tolerante.

Capítulo 13: Construindo Pontes, Não Barreiras

Exemplos de projetos e iniciativas que promovem a unidade e a compreensão entre diferentes grupos.

A construção de pontes entre diferentes grupos é essencial para promover a unidade, a tolerância e a compreensão em uma sociedade diversa. Este capítulo examina exemplos inspiradores de projetos e iniciativas que têm como objetivo superar as barreiras da intolerância e construir laços entre pessoas de diferentes origens culturais, étnicas, religiosas e sociais.

1. Programas de intercâmbio cultural: Iniciativas que permitem que indivíduos de diferentes partes do mundo vivam e compartilhem experiências um com o outro. Esses programas proporcionam uma oportunidade para as pessoas vivenciarem diretamente outras culturas, desafiando estereótipos e ampliando perspectivas.

2. Diálogo inter-religioso: Grupos e organizações que promovem o diálogo entre representantes de diferentes religiões, visando a compreensão mútua e a cooperação em questões de interesse comum. Essas iniciativas buscam encontrar pontos de convergência e respeitar as diferenças religiosas.

3. Projetos artísticos colaborativos: Iniciativas que reúnem artistas de diferentes origens para criar obras de arte conjuntas. Esses projetos podem envolver música, teatro, dança, literatura e outras formas de expressão artística, promovendo a celebração da diversidade e incentivando a colaboração.

4. Campanhas de conscientização: Iniciativas que usam mídias sociais, eventos e atividades públicas para educar o público sobre questões de intolerância e discriminação. Essas campanhas buscam aumentar a conscientização e incentivar a ação positiva.

5. Grupos de voluntariado intercultural: Organizações que reúnem voluntários de diferentes origens para trabalhar juntos em projetos de serviço comunitário. Esses grupos promovem o entendimento mútuo e a cooperação enquanto fazem a diferença nas comunidades em que atuam.

6. Projetos de educação intercultural: Programas escolares e curriculares que integram a educação sobre diferentes culturas, identidades e perspectivas. Esses projetos buscam ensinar aos alunos sobre a diversidade desde cedo, incentivando a aceitação e o respeito.

7. Eventos de sensibilização e celebração: Festivais, conferências e eventos culturais que reúnem pessoas de diferentes origens para celebrar a diversidade e promover a compreensão. Esses eventos oferecem uma oportunidade para a troca de ideias e experiências positivas.

8. Plataformas online de diálogo: Fóruns e redes sociais que criam um espaço para discussões construtivas entre pessoas de diferentes perspectivas. Essas plataformas incentivam o diálogo aberto e a troca de ideias de maneira respeitosa.

Cada um desses exemplos ilustra a capacidade de iniciativas positivas de construir pontes e superar barreiras que perpetuam a intolerância. Ao promover a interação, o diálogo e a colaboração entre grupos diversos, esses projetos contribuem para a criação de uma sociedade mais inclusiva, harmoniosa e solidária.

Capítulo 14: A Importância das Políticas Inclusivas Analisando o papel das políticas governamentais na promoção da igualdade e da tolerância.

As políticas governamentais desempenham um papel crucial na promoção da igualdade, da tolerância e da justiça social em uma sociedade diversa. Este capítulo examina a importância das políticas inclusivas e explora como as ações do governo podem desempenhar um papel fundamental na desconstrução da intolerância e na construção de uma sociedade mais acolhedora e equitativa.

1. **Legislação antidiscriminatória:** A implementação de leis que proíbem a discriminação com base em raça, gênero, religião, orientação sexual e outras características protegidas é essencial para garantir a igualdade de oportunidades e proteger os direitos humanos. Essas leis não apenas estabelecem um padrão de conduta, mas também enviam uma mensagem clara de que a intolerância não será tolerada.

2. **Ações afirmativas:** Políticas que visam corrigir desigualdades históricas, proporcionando oportunidades e recursos adicionais para grupos marginalizados. Isso inclui medidas como cotas em instituições educacionais e no

mercado de trabalho, buscando nivelar o campo de jogo e promover a inclusão.

3. Educação inclusiva: O governo pode promover políticas que garantam uma educação inclusiva e igualitária para todos os grupos, enfatizando a diversidade e o respeito mútuo. Isso inclui currículos que abordam questões de intolerância, bem como a promoção de ambientes escolares seguros e acolhedores.

4. Promoção da diversidade: Políticas que valorizam e celebram a diversidade cultural, religiosa e étnica de uma nação. Isso pode envolver a promoção de eventos culturais, o apoio a organizações comunitárias e o reconhecimento oficial de datas importantes para diferentes grupos.

5. Acesso igualitário a serviços: O governo pode garantir que todos os cidadãos tenham acesso igualitário a serviços essenciais, como saúde, habitação, emprego e serviços sociais. Isso ajuda a reduzir as desigualdades e a promover a coesão social.

6. Combate à incitação ao ódio: A implementação de leis que proíbam a incitação ao ódio e ao discurso de ódio é fundamental para manter um ambiente seguro e inclusivo. O governo pode trabalhar para regular e monitorar a propagação de conteúdo prejudicial online e offline.

7. Inclusão política: Políticas que promovem a participação e a representação política de grupos marginalizados, garantindo que suas vozes sejam ouvidas nas tomadas de decisão. Isso contribui para uma sociedade mais justa e uma governança mais equitativa.

8. Campanhas de conscientização: O governo pode apoiar campanhas de conscientização que promovam a tolerância, a diversidade e o respeito. Isso envolve o uso de recursos governamentais para educar o público e promover uma cultura de inclusão.

As políticas governamentais desempenham um papel fundamental na criação de um ambiente propício para a promoção da igualdade e da tolerância. No entanto, essas políticas devem ser apoiadas por uma vontade política genuína e por esforços contínuos para implementação e fiscalização eficazes. Através de políticas inclusivas e ações concretas.

Capítulo 15: Um Futuro Tolerante

Vislumbrando um futuro onde a intolerância é reduzida e celebramos nossa diversidade.

Imaginar um futuro tolerante é contemplar uma sociedade onde as barreiras da intolerância são progressivamente derrubadas, dando lugar a uma convivência harmoniosa e respeitosa entre todas as pessoas, independentemente de sua origem, crenças ou identidade. Este capítulo apresenta uma visão inspiradora de um mundo no qual celebramos nossa diversidade e promovemos a igualdade, respeito e aceitação.

Em um futuro tolerante, a educação é um dos pilares fundamentais para a mudança. As escolas abraçam a diversidade, incorporando currículos inclusivos que ensinam sobre diferentes culturas, identidades e perspectivas. As crianças crescem aprendendo desde cedo o valor da tolerância, da empatia e do respeito, formando gerações futuras mais conscientes e comprometidas com a coexistência pacífica.

Nesse futuro, a mídia e a tecnologia desempenham um papel construtivo na promoção da tolerância. Plataformas digitais são utilizadas de forma responsável para compartilhar histórias inspiradoras, divulgar mensagens de compreensão e conectar pessoas de diferentes origens. As narrativas midiáticas refletem a rica tapeçaria da humanidade, desafiando estereótipos e celebrando a variedade de experiências humanas.

As políticas governamentais continuam a evoluir para garantir a igualdade e a inclusão. Leis antidiscriminatórias são rigorosamente aplicadas, protegendo os direitos de todos os cidadãos e punindo atos de intolerância. As instituições políticas e sociais são representativas da diversidade da população, assegurando que todas as vozes sejam ouvidas e respeitadas.

Em um mundo tolerante, a arte e a cultura são veículos poderosos de transformação. Artistas de todas as origens têm a liberdade de expressar suas experiências e perspectivas, contribuindo para uma compreensão mais profunda e uma apreciação da riqueza da diversidade humana. Festivais culturais celebram tradições únicas, unindo pessoas através da música, dança, culinária e outras formas de expressão.

A diplomacia cultural e os intercâmbios globais são pilares importantes desse futuro tolerante. Nações colaboram em projetos conjuntos que promovem a compreensão mútua e abordam desafios globais através de uma lente de respeito e cooperação. As diferenças não são vistas como obstáculos, mas como oportunidades para enriquecer a sociedade global.

Em última análise, um futuro tolerante é um mundo no qual todos reconhecem a beleza e a importância da diversidade. É um lugar onde as pessoas abraçam suas semelhanças e diferenças, compartilham suas histórias e aprendem umas com as outras. É um futuro onde a intolerância é desafiada por uma crescente compreensão da complexidade da condição humana, levando a uma sociedade mais inclusiva, justa e harmoniosa. Embora o caminho possa ser desafiador, é uma visão que nos inspira a trabalhar juntos para alcançar um mundo onde a tolerância prevalece e a diversidade é celebrada como um tesouro valioso.

Capítulo 16: Nossa Jornada Contínua

Reflexões finais sobre como podemos continuar nossa jornada contra a intolerância e criar um mundo mais inclusivo e harmonioso.

À medida que concluímos esta jornada explorando os diversos aspectos da intolerância e os esforços para combatê-la, é importante reconhecer que nossa jornada é contínua e que o trabalho para criar um mundo mais inclusivo e harmonioso está longe de terminar. Este capítulo oferece reflexões finais sobre como podemos continuar a enfrentar a intolerância e trabalhar juntos para construir um futuro mais justo e respeitoso para todos.

A luta contra a intolerância começa com cada um de nós, reconhecendo nossa própria responsabilidade em promover a igualdade e a aceitação. Isso envolve a autoconsciência e a autocrítica, questionando nossos próprios preconceitos e estereótipos, e buscando constantemente crescer como indivíduos e cidadãos globais. Devemos estar dispostos a desaprender e reeducar-nos, adotando uma mentalidade aberta e receptiva à diversidade.

A educação desempenha um papel central em nossa jornada contínua. Devemos continuar a investir em programas educacionais que ensinam não apenas sobre a intolerância, mas também sobre a importância da empatia, do diálogo e da compreensão mútua. As escolas têm a responsabilidade de preparar as gerações futuras para enfrentar os desafios do mundo com uma mente aberta e uma atitude de respeito pela diversidade.

O diálogo é uma ferramenta poderosa na nossa jornada contra a intolerância. Devemos estar dispostos a ouvir e aprender com as perspectivas dos outros, mesmo que sejam diferentes das nossas. O diálogo construtivo nos ajuda a superar as divisões, a esclarecer mal-entendidos e a encontrar pontos de convergência. Isso requer paciência, humildade e a disposição de ceder nossas próprias opiniões em prol do entendimento mútuo.

Além disso, é fundamental que continuemos a apoiar e fortalecer as iniciativas e organizações que trabalham para promover a tolerância e a inclusão. Podemos contribuir através do voluntariado, doações ou participação ativa em projetos que buscam criar mudanças positivas em nossas comunidades e no mundo.

A mídia e a tecnologia continuarão a desempenhar um papel significativo em nossa jornada. Devemos usar essas ferramentas para compartilhar histórias inspiradoras, espalhar mensagens de tolerância e desafiar discursos de ódio. Ao criar e consumir conteúdo que promova a compreensão, podemos influenciar positivamente a cultura digital e contribuir para um ambiente online mais acolhedor.

Por fim, nossa jornada contra a intolerância é uma jornada coletiva. Somente através da colaboração e da solidariedade podemos superar os desafios que enfrentamos. Devemos lembrar que cada pequeno passo que damos em direção à tolerância contribui para um mundo mais inclusivo e harmonioso. Embora as estradas possam ser longas e cheias de obstáculos, estamos unidos pelo desejo comum de construir um futuro onde a diversidade seja celebrada, a igualdade seja defendida e a intolerância seja finalmente superada. Nossa jornada continua, e juntos, podemos tornar nosso mundo um lugar melhor para todos.

www.ingramcontent.com/pod-product-compliance
Lightning Source LLC
Chambersburg PA
CBHW071549260726
48653CB00007BA/2591